MW01229190

Le livre de cuisine complet sur la friteuse à air

Profitez de la croustillance de recettes faciles et alléchantes, des débutants aux avancés, qui sont parfaites pour les régimes amaigrissants

Ursula Mayert

Table des matières

Copyright 2020 par Ursula Mayert

Les informations contenues dans les pages suivantes sont généralement considérées comme un compte rendu véridique et précis des faits et, en tant que telles, toute inattention, utilisation ou abus des informations en question par le lecteur rendra toute action en résultant uniquement de son ressort. Il n'existe aucun scénario dans lequel l'éditeur ou l'auteur original de ce travail peut être considéré comme responsable de quelque manière que ce soit des difficultés ou des dommages qui pourraient leur arriver après avoir entrepris les actions décrites dans le présent document.

En outre, les informations contenues dans les pages suivantes sont uniquement destinées à des fins d'information et doivent donc être considérées comme universelles. Comme il convient à leur nature, elles sont présentées sans garantie quant à leur validité prolongée ou leur qualité provisoire. Les marques mentionnées le sont sans consentement écrit et ne peuvent en aucun cas être considérées comme un aval du titulaire de la marque.

Introduction

Une friteuse à air est un appareil de cuisine relativement récent qui s'est avéré très populaire auprès des consommateurs. Bien qu'il existe de nombreuses variétés différentes, la plupart des friteuses à air partagent de nombreuses caractéristiques communes. Elles sont toutes dotées d'éléments chauffants qui font circuler de l'air chaud pour cuire les aliments. La plupart sont dotées de réglages préprogrammés qui aident les utilisateurs à préparer une grande variété d'aliments.

La friture à l'air est un mode de cuisson plus sain car il utilise moins d'huile que les méthodes traditionnelles de friture. Tout en préservant la saveur et la qualité des aliments, elle réduit la quantité de graisse utilisée dans la cuisson. La friture à l'air est une méthode courante pour "frire" des aliments qui sont principalement faits avec des œufs et de la farine. Grâce à cette méthode, ces aliments peuvent être mous ou croquants selon votre préférence.

Comment fonctionnent les friteuses à air

Les friteuses à air utilisent un ventilateur pour faire circuler l'air chaud autour des aliments. L'air chaud chauffe l'humidité des aliments jusqu'à ce qu'elle s'évapore et crée de la vapeur. Lorsque la vapeur s'accumule autour des aliments, elle crée une pression qui tire l'humidité de la surface des aliments et l'éloigne du centre, formant ainsi de petites bulles. Les bulles créent une couche d'air qui entoure les aliments et crée une croûte croustillante.

Choisir une friteuse à air

Lorsque vous choisissez une friteuse à air, recherchez un appareil qui a reçu de bonnes critiques pour la satisfaction du client. Commencez par les caractéristiques dont vous avez besoin, telles que la puissance, la capacité, la taille et les accessoires. Recherchez une friteuse facile à utiliser. Certaines friteuses à air du marché ont une minuterie intégrée et une température réglable. Recherchez une friteuse dotée d'un entonnoir pour récupérer la graisse, d'un panier lavable au lave-vaisselle et de pièces faciles à nettoyer.

Comment utiliser une friteuse à air

Pour de meilleurs résultats, préchauffez la friteuse à l'air à 400 F pendant 10 minutes. Le préchauffage de la friteuse à air permet d'atteindre la bonne température plus rapidement. De plus, le préchauffage de la friteuse est essentiel pour garantir que vos aliments ne brûlent pas.

Comment faire cuire des aliments dans une friteuse

Si vous n'avez pas encore de friteuse à air, vous pouvez commencer à jouer avec vos fours en y jetant des frites surgelées et en les faisant cuire jusqu'à ce qu'elles soient bien dorées. En fonction de votre four, regardez la température. Vous devrez peut-être augmenter ou diminuer le temps de cuisson.

Quels aliments peut-on faire cuire dans une friteuse à air ?

Oeufs : Bien que vous puissiez faire cuire des oeufs dans une friteuse à air, nous ne le recommandons pas car vous ne pouvez pas contrôler le temps et la température de cuisson aussi précisément qu'avec une poêle ou un poêlon traditionnel. Il est beaucoup plus facile d'obtenir des œufs cuits de façon inégale. Vous ne pouvez pas non plus ajouter de sauce ou d'assaisonnement et vous n'obtiendrez pas de bords dorés et croustillants.

Les aliments surgelés : En général, les aliments surgelés sont mieux cuits au four conventionnel car ils doivent atteindre une certaine température pour être bien cuits. La friteuse à air n'est pas capable d'atteindre des températures qui permettent une cuisson complète des aliments.

Aliments déshydratés : Les aliments déshydratés doivent être frits, ce que vous ne pouvez pas faire avec une friteuse à air. Lorsqu'il s'agit de cuire des aliments déshydratés, la friteuse à air n'est pas la meilleure option.

Légumes : Vous pouvez faire cuire des légumes dans une friteuse à air, mais vous devez vous assurer que la friteuse à air n'est pas réglée à une température qui les brûlerait.

Pour éviter que vos légumes ne soient trop cuits, démarrez la friteuse à l'air libre sans le panier, puis ajoutez les légumes une fois que l'air s'est réchauffé et qu'il n'y a plus de points froids. Veillez à remuer les légumes toutes les quelques minutes. Vous pouvez aussi les faire cuire dans le panier, mais ils peuvent se coller un peu.

Des frites : Faire frire des frites dans une friteuse à air est un bon moyen d'obtenir des frites croustillantes et dorées sans ajouter beaucoup d'huile. Par rapport à la friture classique, la friture à l'air libre produit moins de calories.

Pour cuire des frites dans une friteuse à air, utilisez un panier ou une grille et versez suffisamment d'huile pour atteindre la moitié de la hauteur des frites. Pour un résultat optimal, assurez-vous que les frites sont congelées. Tournez la friteuse à 400 degrés et réglez-la pendant 12 minutes. Si vous voulez qu'elles soient plus croustillantes, vous pouvez la régler sur 18 minutes, mais elles risquent de brûler un peu.

Avantages d'une friteuse à air :

- C'est l'une des façons les plus simples de cuisiner des aliments sains. Utilisé 4 à 5 fois par semaine, c'est une option plus saine que la friture à l'huile dans votre four traditionnel ou l'utilisation d'aliments en conserve.

- Les repas à la friteuse sont un moyen facile de servir des aliments savoureux qui ne prennent pas beaucoup de place. Les friteuses permettent de cuire trois fois plus de nourriture que vous ne le pouvez dans votre micro-ondes.

- Les friteuses à air comprimé ont un faible encombrement et vous pouvez les ranger dans une armoire lorsqu'elles ne sont pas utilisées.

-Ils sont des appareils de cuisine polyvalents. Vous pouvez les utiliser pour cuisiner des aliments pour le déjeuner, le dîner et les collations.

- Les friteuses à air comprimé ne nécessitent que peu ou pas d'efforts dans la cuisine. Vous pouvez les utiliser avec le couvercle, ce qui signifie qu'il y a moins de vaisselle à faire.

Petit déjeuner

Pain de maïs simple

Temps de préparation : 15 minutes

Temps de cuisson : 25 minutes

Des portions : 8

Ingrédients :

1. 1 tasse de farine de maïs
2. ¾ tasse de farine tout usage
3. 1 cuillère à soupe de sucre
4. 1½ cuillères à café de levure chimique
5. ½ cuillère à café de bicarbonate de soude

6. ¼ cuillère à café de sel

7. 1½ tasses de babeurre

8. 6 cuillères à soupe de beurre non salé, fondu

9. 2 gros œufs, légèrement battus

Itinéraire :

1. Dans un bol, mélangez la semoule de maïs, la farine, le sucre, le bicarbonate de soude, la levure chimique et le sel.

2. Prenez un bol séparé, mélangez bien le babeurre, le beurre et les œufs.

3. Ensuite, ajoutez le mélange de farine et mélangez jusqu'à ce que le tout soit bien mélangé.

4. Réglez la température de la friteuse à 360 degrés F. Graissez légèrement un plat de cuisson de 8 pouces.

5. Transférez le mélange de farine de façon homogène dans le plat de cuisson préparé.

6. Placez le plat dans un panier de friteuse.

7. Faites frire à l'air libre pendant environ 25 minutes ou jusqu'à ce qu'un cure-dent inséré au centre en ressorte propre, en tournant le plat une fois à mi-chemin.

8. Sortez de la friteuse et placez le plat sur une grille pendant environ 10-15 minutes.

9. Sortez soigneusement le pain du plat et mettez-le sur une grille jusqu'à ce qu'il soit complètement refroidi avant de le trancher.

10. Coupez le pain en tranches de la taille souhaitée et
    servez.

Nutrition :

Calories : 217

Glucides : 24,9 g

Protéines : 5,6 g

Lipides : 10,9g

Sucre : 3,9g

Sodium : 286 mg

Pain de maïs à l'ananas

Temps de préparation : 10 minutes

Temps de cuisson : 15 minutes

Des portions : 5

Ingrédients :

- 1 (8½-ounces) paquet de muffins au maïs Jiffy
- 7 onces d'ananas broyé en conserve
- 1/3 de tasse de jus d'ananas en conserve
- 1 œuf

Itinéraire :

- Dans un bol, mélangez tous les ingrédients.
- Réglez la température de la friteuse à 330 degrés F. Graissez un moule à gâteau rond. (6"x 3")
- Placez le mélange uniformément dans la casserole préparée.
- Disposez le moule à gâteau dans un panier de friteuse.
- Faites frire à l'air libre pendant environ 15 minutes ou jusqu'à ce qu'un cure-dent inséré au centre en ressorte propre.
- Sortir de la friteuse à air et placer la casserole sur une grille pendant environ 10-15 minutes.
- Sortez soigneusement le pain de la poêle et mettez-le sur une grille jusqu'à ce qu'il soit complètement refroidi avant de le couper en tranches.

- Coupez le pain en tranches de la taille souhaitée et servez.

Nutrition :

Calories : 220

Les glucides : 40g

Protéines : 3,8 g

Lipides : 6,4g

Sucre : 14,1g

Sodium : 423 mg

Banane Avoine

Temps de préparation : 5 minutes

Temps de cuisson : 20 minutes

Des portions : 4

Ingrédients :

1. 2 tasses d'avoine à l'ancienne
2. 1/3 de tasse de sucre
3. 1 cuillère à café d'extrait de vanille
4. 1 tasse de banane, pelée et écrasée
5. 2 tasses de lait d'amande
6. 2 œufs, fouettés
7. Spray de cuisson

Itinéraire :

*   Dans un bol, mélangez l'avoine avec le sucre et les autres ingrédients, à l'exception de l'aérosol de cuisson, et fouettez bien.

- Faites chauffer votre friteuse à air à 340 degrés F, graissez avec de l'aérosol de cuisson, ajoutez le mélange d'avoine, remuez, couvrez et faites cuire pendant 20 minutes.
- Diviser en bols et servir au petit-déjeuner.

Nutrition :

Calories 260

Gras 4

Fibre 7

Carburants 9

Protéines 10

Pain au fromage et bols à œufs

Temps de préparation : 10 minutes

Le temps de cuisson : 30 minutes

Des portions : 4

Ingrédients :

1. 1 tasse de pain de blé entier, coupé en cubes
2. 1 tasse de mozzarella, déchiquetée
3. 2 cuillères à soupe d'huile d'olive
4. 1 oignon rouge, haché
5. 1 tasse de sauce tomate
6. Sel et poivre noir au goût
7. 8 œufs, fouettés

Itinéraire :

- Ajoutez l'huile dans votre friteuse à air, faites-la chauffer à 340 degrés F, ajoutez l'oignon, le pain et les autres ingrédients, mélangez, faites cuire pendant 20 minutes en secouant à moitié.
- Répartir dans les assiettes et servir au petit-déjeuner.

Nutrition :

Calories 211

Grosse 8

Fibre 7

Carburants 14

Protéine 3

Mélange crémeux de carottes et de hachisch

Temps de préparation : 10 minutes

Temps de cuisson : 20 minutes

Des portions : 4

Ingrédients :

1. Carottes d'un kilo, pelées et coupées en cubes
2. 4 œufs, fouettés
3. 1 tasse de crème de noix de coco
4. 1 cuillère à soupe d'huile d'olive
5. 1 oignon rouge, haché
6. 1 tasse de mozzarella, déchiquetée
7. 1 cuillère à soupe de ciboulette, hachée
8. Sel et poivre noir au goût

Itinéraire :

- Faites chauffer votre friteuse à air avec l'huile à 350 degrés F, ajoutez le hachis de carottes et les autres ingrédients, mélangez, couvrez, faites cuire pendant 20 minutes, répartissez dans les assiettes et servez.

Nutrition :

Calories 231

Gros 9

Fibre 9

Carburants 8

Protéine 12

Frittata à la tomate

Temps de préparation : 10 minutes

Temps de cuisson : 20 minutes

Des portions : 4

Ingrédients :

1. 1 tasse de tomates cerises, coupées en deux

2. 8 œufs, fouettés

3. 1 oignon rouge, haché

4. 1 cuillère à soupe d'huile d'olive

5. 1 cuillère à soupe de ciboulette, hachée

6. ½ tasse de mozzarella, râpée

7. Sel et poivre noir au goût

Itinéraire :

- Dans un bol, mélangez les œufs avec les tomates et les autres ingrédients, à l'exception de l'huile, et fouettez bien,

- Faites chauffer votre friteuse à air à 300 degrés F, ajoutez l'huile, chauffez, ajoutez le mélange de frittata, étalez et faites cuire pendant 20 minutes.

- Répartir dans les assiettes et servir.

Nutrition :

Calories 262

Grosse 6

Fibre 9

Carburants 18

Protéine 8

Flocons d'avoine à la fraise

Temps de préparation : 4 minutes

Temps de cuisson : 15 minutes

Des portions : 4

Ingrédients :

1. 1 tasse d'avoine à l'ancienne

2. ½ tasse de fraises, hachées

3. 2 tasses de lait d'amande

4. 2 œufs, fouettés

5. ¼ cuillère à café d'extrait de vanille

Itinéraire :

- Dans un bol, mélangez l'avoine avec le lait et les autres ingrédients et fouettez bien.
- Faites chauffer votre friteuse à air à 350 degrés F, ajoutez le mélange de baies et faites cuire pendant 15 minutes.
- Diviser en bols et servir au petit-déjeuner.

Nutrition :

Calories 180

Gras 5

Fibre 7

Carburants 12

Protéine 5

Poivrons et oeufs de tomates

Temps de préparation : 10 minutes

Temps de cuisson : 20 minutes

Des portions : 4

Ingrédients :

1. 8 œufs, fouettés
2. 1 tasse de poivrons rôtis, hachés
3. 1 tasse de tomates, hachées
4. Spray de cuisson
5. 1 cuillère à soupe de ciboulette, hachée
6. ½ cuillère à café de paprika doux
7. Sel et poivre noir au goût

Itinéraire :

- Dans un bol, mélangez les œufs avec les poivrons, les tomates et les autres ingrédients, à l'exception de l'aérosol de cuisson, et fouettez bien.
- Faites chauffer votre friteuse à air à 320 degrés F, graissez avec l'aérosol de cuisson, ajoutez le mélange d'œufs, couvrez et faites cuire pendant 20 minutes.
- Répartissez dans les assiettes et servez le petit-déjeuner tout de suite.

Nutrition :

Calories 190

Gras 7

Fibre 7

Carburants 12

Protéine 4

Gruau aux champignons

Temps de préparation : 5 minutes

Temps de cuisson : 20 minutes

Des portions : 4

Ingrédients :

1. 1 cuillère à soupe d'huile d'avocat
2. 1 tasse de champignons blancs, tranchés
3. 8 œufs, fouettés
4. 1 tasse d'avoine à l'ancienne
5. 1 oignon rouge, haché
6. ½ tasse de crème épaisse
7. Sel et poivre noir au goût
8. 1 cuillère à soupe d'aneth haché

Itinéraire :

- Dans un bol, mélangez les œufs avec l'avoine, la crème et les autres ingrédients sauf l'huile et les champignons, puis fouettez.
- Faites chauffer la friteuse à l'air avec l'huile à 330 degrés, ajoutez les champignons et faites-les cuire pendant 5 minutes.
- Ajoutez le reste des ingrédients, mélangez et faites cuire pendant 15 minutes de plus.
- Diviser en bols et servir au petit-déjeuner.

Nutrition :

Calories : 192

Gras : 6

Fibre : 6

Carburants : 14

Protéines : 7

Haschisch de chou-fleur

Temps de préparation : 10 minutes

Temps de cuisson : 20 minutes

Des portions : 4

Ingrédients :

1. 1 livre de choux-fleurs
2. 8 œufs, fouettés
3. 1 oignon rouge, haché
4. Un filet d'huile d'olive
5. ½ cuillère à café de paprika doux
6. ½ cuillère à café de coriandre moulue
7. 1 tasse de mozzarella, déchiquetée
8. Sel et poivre noir au goût

Itinéraire :

1. Faites chauffer la friteuse à 350 degrés F avec un filet d'huile, ajoutez le chou-fleur, les œufs et les autres ingrédients, fouettez et faites cuire pendant 20 minutes.
2. Répartissez le hachisch dans les assiettes et servez au petit-déjeuner.

Nutrition :

Calories 194

Gras 4

Fibre 7

Carburants 11

Protéine 6

Pesto Scramble

Temps de préparation : 3 minutes

Temps de cuisson : 15 minutes

Des portions : 4

Ingrédients :

- 1 cuillère à soupe de beurre fondu
- 8 œufs, fouettés
- 1 cuillère à soupe de pesto au basilic
- ½ cuillère à café de paprika doux
- 1 oignon rouge, haché
- Sel et poivre noir au goût
- 1 tasse de fromage mozzarella râpé

Itinéraire :

- Faites chauffer la friteuse à 350 degrés avec le beurre, ajoutez l'oignon, les oeufs et les autres ingrédients, fouettez et faites cuire pendant 15 minutes en secouant la friteuse à moitié.
- Répartissez le brouillon dans les assiettes et servez.

Nutrition :

Calories 187

Grosse 6

Fibre 6

Carburants 13

Protéine 5

Hachis d'aubergines et de saucisses

Temps de préparation : 5 minutes

Temps de cuisson : 20 minutes

Des portions : 4

Ingrédients :

1. 1 aubergine, coupée en cubes
2. 1 tasse de saucisses, coupées en cubes
3. ½ livre des pommes de terre râpées
4. 2 œufs, fouettés
5. ½ cuillère à café de poudre de curcuma
6. 1 cuillère à soupe de coriandre hachée
7. 1 cuillère à soupe d'huile d'olive
8. ½ tasse de mozzarella, râpée
9. Sel et poivre noir au goût

Itinéraire :

- Faites chauffer la friteuse à l'air avec l'huile à 360 degrés, ajoutez les saucisses et faites-les cuire pendant 5 minutes.
- Ajouter les pommes de terre rissolées, l'aubergine et les autres ingrédients, couvrir et faire cuire pendant 15 minutes de plus.
- Répartissez tout dans les assiettes et servez.

Nutrition :

Calories 270

Gras 14

Fibre 3

Carburants 23

Protéine 16

Oeufs de saumon

Temps de préparation : 10 minutes

Temps de cuisson : 15 minutes

Des portions : 4

Ingrédients :

1. 1 tasse de filets de saumon fumé, désossés et coupés en cubes
2. 8 œufs, fouettés
3. 1 oignon rouge, haché
4. Spray de cuisson
5. ½ cuillère à café de paprika doux
6. ½ cuillère à café de poudre de curcuma
7. ½ tasse de crème épaisse
8. 1 cuillère à soupe de ciboulette, hachée

9. Sel et poivre noir au goût

Itinéraire :

- Réglez la friteuse à 380 degrés F et graissez la avec l'aérosol de cuisson.
- Dans un bol, mélangez les œufs avec le saumon et les autres ingrédients, fouettez, versez dans la friteuse, couvrez et laissez cuire pendant 15 minutes.
- Répartir dans les assiettes et servir au petit-déjeuner.

Nutrition :

Calories 170

Gras 2

Fibre 2

Carburants 12

Protéine 4

Bols à la vanille et à la mangue

Temps de préparation : 5 minutes

Temps de cuisson : 10 minutes

Des portions : 4

Ingrédients :

1. 1 tasse de mangue, pelée et coupée en cubes
2. 1 tasse de crème épaisse
3. 2 cuillères à soupe de sucre
4. Jus d'un citron vert
5. 2 cuillères à café d'extrait de vanille

Itinéraire :

- Dans la poêle de la friteuse à air, mélangez la mangue avec la crème et les autres ingrédients, faites cuire à 370 degrés F pendant 10 minutes, répartissez dans des bols et servez au petit déjeuner.

Nutrition :

Calories 170

 Grosse 6

Fibre 5

Carburants 11

Protéine 2

Bols de chili

Temps de préparation : 5 minutes

Temps de cuisson : 20 minutes

Des portions : 4

Ingrédients :

1. 1 livre de viande à ragoût de bœuf, hachée
2. 1 oignon rouge, haché
3. 1 cuillère à café de poudre de chili
4. 8 œufs, fouettés
5. Un filet d'huile d'olive
6. ½ tasse de tomates en conserve, écrasées
7. 1 piment rouge, haché
8. 2 cuillères à soupe de persil haché
9. Sel et poivre blanc au goût

Itinéraire :

- Faites chauffer la friteuse à 400 degrés, graissez avec l'huile, ajoutez la viande et l'oignon et faites cuire pendant 5 minutes.
- Ajouter les œufs et les autres ingrédients, couvrir, cuire encore 15 minutes, répartir dans des bols et servir au petit-déjeuner.

Nutrition :

Calories 200

Grosse 6

Fibre 1

Carburants 11

Protéine 3

Bols de champignons, de pommes de terre et de bœuf

Temps de préparation : 5 minutes

Temps de cuisson : 20 minutes

Des portions : 4

Ingrédients :

1. 1 livre de viande à ragoût de bœuf, hachée
2. 1 cuillère à soupe d'huile d'olive
3. ½ tasse de champignons, tranchés
4. 1 tasse de pommes de terre dorées, coupées en cubes
5. 1 oignon rouge, haché
6. 1 gousse d'ail hachée
7. ½ tasse de tomates cerises, coupées en deux
8. 4 œufs, fouettés
9. Sel et poivre noir au goût

Itinéraire :

- Faites chauffer la friteuse à l'air avec l'huile à 400 degrés F, ajoutez la viande, les champignons et l'oignon et faites cuire pendant 5 minutes.
- Ajoutez les pommes de terre et les autres ingrédients, laissez cuire encore 15 minutes, répartissez dans les assiettes et servez au petit-déjeuner.

Nutrition :

Calories 160

Gras 2

Fibre 5

Carburants 12

Protéine 9

Muffins aux carottes

Temps de préparation : 5 minutes

Temps de cuisson : 20 minutes

Des portions : 4

Ingrédients :

1. 3 œufs, fouettés
2. 1 cuillère à soupe de beurre fondu
3. 1 tasse de carottes, pelées et râpées
4. 1 tasse de crème épaisse
5. ½ tasse de farine d'amandes
6. 1 tasse de lait d'amande
7. Spray de cuisson
8. 1 cuillère à soupe de levure chimique

Itinéraire :

- Dans un bol, mélangez les œufs avec le beurre, les carottes et les autres ingrédients, sauf l'aérosol de cuisson, et fouettez bien.
- Graissez un moule à muffins adapté à votre friteuse à air avec l'aérosol de cuisson, répartissez le mélange de carottes à l'intérieur, mettez le moule dans la friteuse à air et faites cuire à 392 degrés F pendant 20 minutes.
- Servez les muffins pour le petit déjeuner.

Nutrition :

Calories 190

Grosse 12

Frittata aux poivrons du petit déjeuner

Temps de préparation : 10 minutes

Temps de cuisson : 10 minutes

Portions : 2

Ingrédients :

1. 2 gros œufs
2. 1 cuillerée à soupe de poivrons hachés
3. 1 cuillerée à soupe de ciboulettes, hachées
4. 1 boulette de saucisse, hachée
5. 1 c. à soupe de beurre fondu
6. 2 c. à soupe de cheddar
7. Poivre
8. Sel

Itinéraire :

- Ajouter la galette de saucisse dans le plat de cuisson de la friteuse et faire cuire dans la friteuse à 350 F pendant 5 minutes.
- Pendant ce temps, dans un bol, fouettez les œufs, le poivre et le sel.
- Ajouter les poivrons, les oignons et bien mélanger.
- Verser le mélange d'œufs sur la galette de saucisses et bien mélanger.
- Saupoudrer de fromage et faire cuire dans la friteuse à l'air à 350 F pendant 5 minutes.
- Servez et appréciez.

Nutrition :

Calories 205

Gras 14,7g

Cholestérol 5g

Sucre 4g

Protéines 12g

Cholestérol 221 mg

Oeufs brouillés

Temps de préparation : 10 minutes

Temps de cuisson : 6 minutes

Portions : 2

Ingrédients :

1. 4 œufs
2. 1/4 c. à café de poudre d'ail
3. 1/4 de c. à thé de poudre d'oignon
4. 1 cuillère à soupe de parmesan
5. Poivre
6. Sel

Itinéraire :

- Fouettez les œufs avec la poudre d'ail, la poudre d'oignon, le parmesan, le poivre et le sel.

- Verser le mélange d'oeufs dans le plat de cuisson de la friteuse à air.

- Placez le plat dans la friteuse à air et faites-le cuire à 360 F pendant 2 minutes. Remuez rapidement et faites cuire pendant 3-4 minutes de plus.

- Bien mélanger et servir.

Nutrition :

Calories 149

Lipides 9,1g

Cholestérol 4,5g

Sucre 1,1g

Protéine 11g

Cholestérol 325 mg

Coupelles à œufs de saucisse

Temps de préparation : 10 minutes

Temps de cuisson : 10 minutes

Portions : 2

Ingrédients :

1. 1/4 de tasse de batteurs à œufs
2. 1/4 de saucisse, cuite et émiettée
3. 4 cuillères à café de fromage râpé
4. 1/4 c. à café de poudre d'ail
5. 1/4 de c. à thé de poudre d'oignon
6. 4 c. à soupe d'épinards, hachés
7. Poivre
8. Sel

Itinéraire :

- Dans un bol, fouettez tous les ingrédients jusqu'à ce qu'ils soient bien mélangés.
- Versez la pâte dans les moules à muffins en silicone et placez-la dans le panier de la friteuse à air.
- Cuire à 330 F pendant 10 minutes.
- Servez et appréciez.

Nutrition :

Calories 90

Gras 5g

Cholestérol 1g

Sucre 0,2g

Protéines 7g

Cholestérol 14 mg

Poivrons au fromage

Temps de préparation : 5 minutes

Temps de cuisson : 8 minutes

Des portions : 8

Ingrédients :

1. 8 petits poivrons, couper le dessus des poivrons

2. une once de feta, coupée en cubes

3. 1 c. à soupe d'huile d'olive

4. 1 cuillère à café d'assaisonnement italien

5. 1 c. à soupe de persil haché

6. ¼ c. à café de poudre d'ail

7. Poivre

8. Sel

Itinéraire :

- Dans un bol, mélangez le fromage avec l'huile et l'assaisonnement.
- Farcir les poivrons avec du fromage et les placer dans le panier de la friteuse à air.
- Cuire à 400 F pendant 8 minutes.
- Servez et appréciez.

Nutrition :

Calories 88

Gras 5g

Cholestérol 9g

Sucre 6g

Protéine 3g

Cholestérol 10 mg

Salade de poivrons grillés

Temps de préparation : 10 minutes

Temps de cuisson : 10 minutes

Des portions : 4

Ingrédients :

1. 4 poivrons
2. 2 oz de feuilles de roquette
3. 2 c. à soupe d'huile d'olive
4. 4 c. à soupe de crème épaisse
5. 1 tête de laitue, déchirée
6. 1 c. à soupe de jus de citron vert frais
7. Poivre
8. Sel

Itinéraire :

- Ajoutez les poivrons dans le panier de la friteuse à air et faites-les cuire pendant 10 minutes à 400 F.
- Retirez les poivrons de la friteuse à air et laissez-les refroidir pendant 5 minutes.
- Peler les poivrons cuits et les couper en lanières et les placer dans le grand bol.
- Ajouter le reste des ingrédients dans le bol et bien mélanger.
- Servez et appréciez.

Nutrition :

Calories 160

Gras 13g

Cholestérol 11g

Sucre 6g

Protéine 2g

Cholestérol 20 mg

Quiche sans croûte

Temps de préparation : 5 minutes

Temps de cuisson : 30 minutes

Portions : 2

Ingrédients :

1. 4 œufs
2. ¼ tasse d'oignon, haché
3. ½ tasse de tomates, hachées
4. ½ tasse de lait
5. 1 tasse de fromage gouda, râpé
6. Sel, au goût

Itinéraire :

- Préchauffez la friteuse Air à 340 0 F et graissez légèrement 2 ramequins.
- Mélangez tous les ingrédients dans un ramequin jusqu'à ce qu'ils soient bien mélangés.
- Placez dans la friteuse Air et faites cuire pendant environ 30 minutes.
- Servez.

Nutrition :

Calories : 312

Lipides : 15g

Gras saturés : 4g

Gras trans : 0g

Cholestérol : 14g

Fibre : 2g

Sodium : 403 mg

Protéines : 25g

Oeufs brouillés au lait

Temps de préparation : 10 minutes

Temps de cuisson : 9 minutes

Portions : 2

Ingrédients :

1. ¾ tasse de lait
2. 4 œufs
3. 8 tomates à grappes, coupées en deux
4. ½ tasse de parmesan râpé
5. 1 cuillère à soupe de beurre
6. Sel et poivre noir, selon le goût

Itinéraire :

- Préchauffez la friteuse Air à 360 o F et graissez une poêle à frire Air avec du beurre.

- Dans un bol, fouettez les œufs avec le lait, le sel et le poivre noir.
- Transférez le mélange d'œufs dans la poêle préparée et mettez-le dans la friteuse Air.
- Faites cuire pendant environ 6 minutes et ajoutez les tomates en grappe et le fromage en remuant.
- Faites cuire pendant environ 3 minutes et servez chaud.

Nutrition :

Calories : 312

Lipides : 15g

Gras saturés : 4g

Gras trans : 0g

Cholestérol : 14g

Fibre : 2g

Sodium : 403 mg

Protéines : 25g

Toasts et saucisses dans l'étang à œufs

Temps de préparation : 10 minutes

Temps de cuisson : 22 minutes

Portions : 2

Ingrédients :

1. 3 œufs
2. 2 saucisses cuites, tranchées
3. 1 tranche de pain, coupée en bâtonnets
4. 1/8 de tasse de mozzarella râpée
5. 1/8 tasse de parmesan râpé
6. ¼ tasse de crème

Itinéraire :

- Préchauffez la friteuse Air à 365 o F et graissez légèrement 2 ramequins.
- Fouettez les œufs avec la crème dans un bol et placez-les dans les ramequins.
- Incorporer les tranches de pain et de saucisses dans le mélange d'œufs et recouvrir de fromage.
- Transférez les ramequins dans le panier de la friteuse Air et faites-les cuire pendant environ 22 minutes.
- Servez le plat chaud.

Nutrition :

Calories : 261

Lipides : 15g

Gras saturés : 4g

Gras trans : 0g

Cholestérol : 14g

Fibre : 2g

Sodium : 403 mg

Protéines : 25 g

Savoureuses coupes de bacon

Temps de préparation : 10 minutes

Temps de cuisson : 15 minutes

Des portions : 6

Ingrédients :

1. 6 tranches de bacon
2. 6 tranches de pain
3. 1 oignon vert, haché
4. 3 cuillères à soupe de poivron vert, épépiné et haché
5. 6 œufs
6. 2 cuillères à soupe de mayonnaise allégée

Itinéraire :

- Préchauffez la friteuse Air à 375 0 F et graissez 6 tasses de moule à muffins avec de l'aérosol de cuisson.
- Placez chaque tranche de bacon dans un moule à muffins préparé.
- Coupez les tranches de pain à l'aide d'un emporte-pièce rond et placez-les sur les tranches de bacon.
- Garnir uniformément de poivron, d'oignon vert et de mayonnaise et casser 1 œuf dans chaque moule à muffins.
- Placez dans la friteuse Air et faites cuire pendant environ 15 minutes.
- Servez le plat chaud.

Nutrition :

Calories : 260

Lipides : 15g

Gras saturés : 4g

Gras trans : 0g

Cholestérol : 14g

Fibre : 2g

Sodium : 403 mg

Protéines : 25g

Rosti de pommes de terre croustillantes

Temps de préparation : 10 minutes

Temps de cuisson : 15 minutes

Portions : 2

Ingrédients :

1. ½ livre de pommes de terre rousses, pelées et râpées grossièrement
2. 1 cuillère à soupe de ciboulette, finement hachée
3. 2 cuillères à soupe d'échalotes hachées
4. 1/8 de tasse de cheddar
5. onces de saumon fumé, coupé en tranches
6. 2 cuillères à soupe de crème fraîche

7. 1 cuillère à soupe d'huile d'olive

8. Sel et poivre noir, selon le goût

Itinéraire :

- Préchauffez la friteuse Air à 365 o F et graissez une poêle à pizza avec l'huile d'olive.

- Dans un grand bol, mélanger les pommes de terre, les échalotes, la ciboulette, le fromage, le sel et le poivre noir jusqu'à ce que le tout soit bien mélangé.

- Transférez le mélange de pommes de terre dans la poêle à pizza préparée et placez-le dans le panier de la friteuse Air.

- Faire cuire pendant environ 15 minutes et servir dans un plat.

- Coupez les rosti de pommes de terre en quartiers et garnissez-les de tranches de saumon fumé et de crème fraîche pour servir.

Nutrition :

Calories : 327

Lipides : 15g

Gras saturés : 4g

Gras trans : 0g

Cholestérol : 14g

Fibre : 2g

Sodium : 403 mg

Protéines : 25g

Omelette au jambon

Temps de préparation : 10 minutes

Temps de cuisson : 30 minutes

Portions : 2

Ingrédients :

1. 4 petites tomates, hachées
2. 4 œufs
3. 2 tranches de jambon
4. 1 oignon, haché
5. 2 cuillères à soupe de cheddar
6. Sel et poivre noir, selon le goût

Itinéraire :

- Préchauffez la friteuse Air à 390 o F et graissez une poêle à frire Air.
- Placez les tomates dans la friteuse Air et faites-les cuire pendant environ 10 minutes.
- Faites chauffer une poêle antiadhésive à feu moyen et ajoutez l'oignon et le jambon.
- Remuer pendant environ 5 minutes et transférer dans la poêle à frire Air.
- Fouettez les œufs, le sel et le poivre noir dans un bol et versez dans la friteuse Air.
- Réglez la friteuse à 335 o F et faites cuire pendant environ 15 minutes.
- Servez le plat chaud.

Nutrition :

Calories : 255

Lipides : 15g

Gras saturés : 4g

Gras trans : 0g

Cholestérol : 14g

Fibre : 2g

Sodium : 403 mg

Protéines : 25g

Omelette au tofu saine

Temps de préparation : 10 minutes

Temps de cuisson : 29 minutes

Portions : 2

Ingrédients :

1. ¼ d'oignon, haché
2. Tofu de soie de 12 onces, pressé et tranché
3. 3 œufs, battus
4. 1 cuillère à soupe de ciboulette, hachée
5. 1 gousse d'ail, hachée
6. 2 cuillères à café d'huile d'olive
7. Sel et poivre noir, selon le goût

Itinéraire :

- Préchauffez la friteuse Air à 355 0 F et graissez une poêle à frire Air avec de l'huile d'olive.
- Ajoutez l'oignon et l'ail dans la poêle graissée et faites cuire pendant environ 4 minutes.
- Ajouter le tofu, les champignons, la ciboulette et assaisonner avec du sel et du poivre noir.
- Battre les œufs et les verser sur le mélange de tofu.
- Faites cuire pendant environ 25 minutes, en piquant les œufs deux fois entre les deux.
- Servez le plat chaud.

Nutrition :

Calories : 248

Lipides : 29g

Gras saturés : 3g

Gras trans : 0g

Cholestérol : 31g

Fibre : 4g

Sodium : 374 mg

Protéines : 47g

Pain au beurre d'arachide et à la banane

Temps de préparation : 15 minutes

Temps de cuisson : 40 minutes

Des portions : 6

Ingrédients :

1. 1 tasse plus 1 cuillère à soupe de farine tout usage
2. 1¼ cuillères à café de levure chimique
3. 1 gros œuf
4. 2 bananes mûres de taille moyenne, pelées et écrasées
5. ¾ tasse de noix, grossièrement hachées
6. ¼ cuillère à café de sel, 1/3 de tasse de sucre cristallisé
7. ¼ tasse d'huile de canola, 2 cuillères à soupe de beurre d'arachide crémeux
8. 2 cuillères à soupe de crème aigre, 1 cuillère à café d'extrait de vanille

Itinéraire :

- Préchauffez la friteuse Air à 330 0 F et graissez un plat de cuisson antiadhésif. Mélangez la farine, la levure chimique et le sel dans un bol. Dans un bol, fouettez l'œuf avec le sucre, l'huile de canola, la crème fraîche, le beurre d'arachide et l'extrait de vanille. Incorporer les bananes et battre jusqu'à ce que le tout soit bien mélangé. Ajoutez maintenant le mélange de farine et incorporez délicatement les noix.

- Mélangez jusqu'à obtenir un mélange homogène et transférez le mélange dans le plat de cuisson préparé. Placez le plat de cuisson dans un panier de friteuse Air et faites cuire pendant environ 40 minutes. Retirez de la friteuse et placez-la sur une grille pour la faire refroidir. Couper le pain en tranches de la taille souhaitée et servir.

Nutrition :

Calories : 510

Lipides : 29g

Gras saturés : 3g

Gras trans : 0g

Cholestérol : 31g

Fibre : 4g

Sodium : 374 mg

Protéines : 47g

De délicieux toasts français salés

Temps de préparation : 10 minutes

Temps de cuisson : 4 minutes

Portions : 2

Ingrédients :

1. ¼ tasse de farine de pois chiches
2. 3 cuillères à soupe d'oignon, finement haché
3. 2 cuillères à café de piment vert, épépiné et finement haché
4. Eau, selon les besoins
5. 4 tranches de pain
6. ½ cuillère à café de poudre de chili rouge
7. ¼ cuillère à café de curcuma moulu

8. ¼ cuillère à café de cumin moulu

9. Sel, au goût

Itinéraire :

- Préchauffez la friteuse Air à 375 o F et recouvrez une poêle à frire Air d'un papier d'aluminium.

- Mélangez tous les ingrédients dans un grand bol, sauf les tranches de pain.

- Étaler le mélange sur les deux côtés des tranches de pain et transférer dans la friteuse Air.

- Faites cuire pendant environ 4 minutes et retirez de la friteuse à air pour servir.

Nutrition :

Calories : 339

Lipides : 12g

Gras saturés : 2g

Gras trans : 0g

Cholestérol : 16g

Fibre : 3,5g

Sodium : 362 mg

Protéines : 19g

Donuts à l'érable

Temps de préparation : 10 minutes

Temps de cuisson : 15 minutes plus 1 heure pour refroidir

Des portions : 15

Ingrédients :

1. 1 feuille de pâte feuilletée surgelée (15 par 10 pouces), décongelée
2. 2 cuillères à café de farine tout usage
3. 2½ tasses de sucre en poudre
4. 3 cuillères à soupe de sirop d'érable pur
5. 2 cuillères à soupe de lait 2 %.
6. 2 cuillères à soupe de beurre fondu
7. ½ cuillère à café d'extrait de vanille
8. ½ cuillère à café de cannelle moulue
9. Pincée de sel

Itinéraire :

- Posez la pâte feuilletée sur un plan de travail saupoudré de farine. Découper en 15 carrés en coupant transversalement en cinq bandes de 3 pouces de large, puis en coupant chaque bande en tiers.
- Réglez ou préchauffez la friteuse à l'air libre à 325°F. Mettez un rond de papier parchemin dans le fond du panier et ajoutez autant de carrés de pâte que nécessaire sans qu'ils se touchent ou se chevauchent.

- Faites cuire au four pendant 14 à 19 minutes ou jusqu'à ce que les beignets soient dorés et non pas pâteux à l'intérieur. Laisser refroidir sur une grille. Répéter l'opération avec le reste de la pâte.
- Dans un petit bol, mélangez le sucre en poudre, le sirop d'érable, le lait, le beurre fondu, la vanille, la cannelle et le sel, puis battez le tout au fouet.
- Laissez les beignets refroidir pendant environ 1 heure, puis trempez la moitié supérieure de chacun dans le glaçage. Retournez les beignets, la face glacée vers le haut, et mettez-les sur des grilles. Laissez reposer jusqu'à ce qu'ils soient pris, puis servez.

Nutrition :

Calories : 109

Total des matières grasses : 3g

Gras saturés : 1g

 Cholestérol : 4 mg

Sodium : 32 mg

Les glucides : 21g

Fibre : 0g

Protéines : 0g

Muffins au café

Temps de préparation : 20 minutes

Temps de cuisson : 15 minutes

Des portions : 6

Ingrédients :

1. 1⅓ tasses de farine tout usage, divisées
2. 5 cuillères à soupe de beurre, fondu, divisé
3. ¼ sucre brun clair conditionné à la tasse
4. ½ cuillère à café de cannelle moulue
5. ⅓ tasse de sucre granulé
6. ¼ tasse de lait 2 %.
7. 1 gros œuf
8. 1 cuillère à café d'extrait de vanille
9. 1 cuillère à café de levure chimique
10. Pincée de sel
11. Spray antiadhésif pour la cuisson (contenant de la farine)

Itinéraire :

- Dans un petit bol, mélangez ⅓ tasse de farine, 2½ cuillères à soupe de beurre, la cassonade et la cannelle et mélangez jusqu'à ce que le tout soit friable. Réserver la garniture streusel.

- Dans un bol moyen, mélangez le reste du beurre 2½, le sucre granulé, le lait, l'œuf et la vanille et mélangez bien.

- Ajoutez le reste de la farine (1 tasse), la levure chimique et le sel et mélangez juste assez pour obtenir un mélange.
- Vaporiser 6 moules à muffins en silicone avec du spray de cuisson.
- Verser la moitié de la pâte dans les moules à muffins préparés. Recouvrez chacun d'environ 1 cuillère à café de streusel, puis ajoutez le reste de la pâte. Saupoudrer chaque muffin avec le streusel restant et presser doucement dans la pâte.
- Réglez ou préchauffez la friteuse à l'air à 330°F. Placez les moules à muffins dans le panier de la friteuse à air. Faites cuire les muffins pendant 14 à 18 minutes ou jusqu'à ce qu'un cure-dent inséré au centre d'un muffin en ressorte propre. Laissez refroidir sur une grille pendant 10 minutes, puis retirez les muffins des moules en silicone. Servir chaud ou froid.

Nutrition :

Calories : 285

Total des matières grasses : 11g

Gras saturés : 7g

Cholestérol : 57mg

Sodium : 122 mg

Les glucides : 42g

Fibre : 1g

Protéines : 4g

Coupes de pommes à l'avoine cuites au four

Temps de préparation : 15 minutes

Temps de cuisson : 15 minutes

Des portions : 6

Ingrédients :

1. ½ tasse de compote de pommes non sucrée
2. 1 gros œuf
3. ⅓ sucre brun clair conditionné dans une tasse
4. 2 cuillères à soupe de beurre fondu
5. ½ tasse de lait 2 %.
6. 1⅓ tasses de flocons d'avoine à l'ancienne
7. 1 cuillère à café de cannelle moulue
8. ½ cuillère à café de levure chimique
9. Pincée de sel

10. ½ tasse de pommes pelées et coupées en dés

11. Spray antiadhésif pour la cuisson (contenant de la farine)

Itinéraire :

- Dans un bol moyen, mélangez la compote de pommes, l'œuf, la cassonade, le beurre fondu et le lait.

- Ajoutez l'avoine, la cannelle, la levure chimique et le sel et remuez jusqu'à ce que le tout soit mélangé. Incorporer la pomme.

- Vaporiser 6 moules à muffins en silicone avec du spray de cuisson. Répartir la pâte dans les moules à muffins.

- Réglez ou préchauffez la friteuse à l'air à 350°F. Placez les moules à muffins dans le panier de la friteuse à air. Faites cuire les moules pendant 13 à 18 minutes ou jusqu'à ce qu'ils soient prêts au toucher. Laissez-les refroidir pendant 15 minutes avant de les servir.

Nutrition :

Calories : 254

Total des matières grasses : 8g

Gras saturés : 3g

Cholestérol : 43 mg

Sodium : 82 mg

Les glucides : 40g

Fibre : 4g

Protéines : 8g

Fruits rôtis au bacon et au yaourt

Temps de préparation : 15 minutes

Temps de cuisson : 20 minutes

Des portions : 4

Ingrédients :

1. 3 tranches de bacon
2. 1 pomme Granny Smith, pelée et coupée en cubes
3. 1 poire Bosc, pelée et coupée en cubes
4. 1 tasse d'ananas en cubes en conserve
5. 2 cuillères à soupe de sucre
6. ½ cuillère à café de cannelle moulue
7. 2 tasses de yaourt grec nature

Itinéraire :

- Mettez une grille dans un moule à gâteau de 7 pouces. Coupez les tranches de bacon en deux dans le sens de la largeur et posez-les sur la grille.

- Réglez ou préchauffez la friteuse à l'air à 350°F. Placez le moule à gâteau dans le panier de la friteuse à air. Faites cuire le bacon pendant 7 minutes, puis vérifiez la cuisson. Faites-le cuire encore 2 à 3 minutes, si nécessaire, jusqu'à ce qu'il soit croustillant.

- Retirez le bacon de l'étagère et placez-le sur des serviettes en papier pour l'égoutter. Retirez la grille et enlevez toutes les cuillères à café de graisse de bacon, sauf 2, de la poêle.

- Réglez ou préchauffez la friteuse à l'air à 380°F. Ajoutez la pomme, la poire et l'ananas à la graisse de la poêle. Saupoudrez de sucre et de cannelle et mélangez.
- Faites rôtir les fruits pendant 10 à 15 minutes, en remuant le mélange toutes les 5 minutes, jusqu'à ce que les fruits soient tendres et dorés sur les bords.
- Émietter le lard et l'ajouter aux fruits ; servir sur le yaourt.

Nutrition :

Calories : 211

Total des matières grasses : 7g

Gras saturés : 4g

Cholestérol : 24 mg

Sodium : 203 mg

Les glucides : 30g

Fibre : 3g

Protéines : 8g

Oeufs brouillés au fromage

Temps de préparation : 5 minutes

Temps de cuisson : 14 minutes

Des portions : 4

Ingrédients :

1. 8 gros œufs
2. ¼ tasse de crème aigre
3. ¼ tasse de lait entier
4. ¼ cuillère à café de sel
5. Pincée de poivre noir fraîchement moulu
6. 3 cuillères à soupe de beurre, divisées
7. 1 tasse de fromage cheddar râpé
8. 1 cuillère à soupe de ciboulette fraîche hachée

Itinéraire :

- Dans un bol moyen, battez les œufs avec la crème fraîche, le lait, le sel et le poivre jusqu'à ce qu'ils forment une mousse.

- Mettez 2 cuillères à soupe de beurre dans un tonneau à gâteau, mettez-le dans la friteuse à air et réglez ou préchauffez à 350°F. Le beurre va fondre pendant que la friteuse préchauffe.

- Retirez le baril du panier de la friteuse à air. Ajoutez le mélange d'œufs au fût du gâteau et remettez le tout dans la friteuse.

- Faites cuire pendant 4 minutes, puis remuez les œufs à l'aide d'une spatule résistante à la chaleur.
- Faites cuire pendant 3 minutes supplémentaires, puis remuez à nouveau.
- Faites cuire pendant 3 minutes supplémentaires, puis ajoutez la cuillère à soupe de beurre restante et le cheddar et remuez doucement.
- Faites cuire pendant 2 à 4 minutes supplémentaires ou jusqu'à ce que les œufs soient à peine pris.
- Retirez le fût du gâteau de la friteuse à air et mettez les œufs dans un bol de service. Saupoudrer de ciboulette et servir.

Nutrition :

Calories : 371 ;

Total des matières grasses : 31g ;

Gras saturés : 16g ;

Cholestérol : 433 mg ;

Sodium : 551 mg ;

Les glucides : 2g ;

Fibre : 0g ;

Protéines : 20g

Muffins au pain de soda et aux groseilles

Temps de préparation : 15 minutes

Temps de cuisson : 15 minutes

Des portions : 6

Ingrédients :

1. 1 tasse de farine tout usage
2. 2 cuillères à soupe de farine de blé complet
3. 1 cuillère à café de levure chimique
4. ⅛ cuillère à café de bicarbonate de soude
5. Pincée de sel
6. 3 cuillères à soupe de sucre brun clair
7. ½ tasse de groseilles séchées

8. 1 gros œuf

9. ⅓ tasse de babeurre

10. 3 cuillères à soupe de beurre fondu

11. Spray antiadhésif pour la cuisson (contenant de la farine)

Itinéraire :

- Dans un bol moyen, mélangez les farines, la levure chimique, le bicarbonate de soude, le sel et la cassonade. Incorporer les raisins de Corinthe.

- Dans un petit bol, mélangez l'œuf, le babeurre et le beurre fondu et remuez jusqu'à ce que le tout soit homogène.

- Ajouter le mélange d'œufs au mélange de farine et remuer juste assez pour mélanger.

- Vaporiser 6 moules à muffins en silicone avec du spray de cuisson. Répartissez la pâte dans les moules à muffins, en remplissant chacun d'eux aux deux tiers environ.

- Réglez ou préchauffez la friteuse à une température de 350°F. Placez les moules à muffins dans le panier de la friteuse à air. Faites cuire les muffins pendant 14 à 18 minutes ou jusqu'à ce qu'un cure-dent inséré au centre en ressorte propre.

- Laisser refroidir sur une grille pendant 10 minutes avant de servir.

Nutrition :

Calories : 204

Total des matières grasses : 7g

Gras saturés : 4g

 Cholestérol : 47 mg

 Sodium : 140 mg

Les glucides : 32g

Fibre : 2g

Protéines : 5g

Pain perdu farci aux framboises

Temps de préparation : 15 minutes

Temps de cuisson : 8 minutes

Des portions : 4

Ingrédients :

1. 4 tranches de pain français (1 pouce d'épaisseur)
2. 2 cuillères à soupe de confiture de framboises
3. ⅓ tasse de framboises fraîches
4. 2 jaunes d'oeufs
5. ⅓ tasse de lait 2 %.
6. 1 cuillère à soupe de sucre
7. ½ cuillère à café d'extrait de vanille
8. 3 cuillères à soupe de crème fraîche

Itinéraire :

1. Découpez une poche dans le côté de chaque tranche de pain, en vous assurant de ne pas couper l'autre côté.
2. Dans un petit bol, mélangez la confiture de framboises et les framboises et écrasez les framboises dans la confiture à l'aide d'une fourchette.
3. Dans un bol peu profond, battez les jaunes d'œufs avec le lait, le sucre et la vanille jusqu'à ce qu'ils soient mélangés.

4. Étalez un peu de crème aigre dans la poche que vous avez découpée dans les tranches de pain, puis ajoutez le mélange de framboises. Pressez légèrement les bords du pain pour fermer l'ouverture.

5. Trempez le pain dans le mélange d'œufs, en laissant reposer le pain dans l'œuf pendant 3 minutes. Retournez le pain et laissez-le reposer de l'autre côté pendant 3 minutes.

6. Réglez ou préchauffez la friteuse à l'air à 375°F. Disposez le pain farci en une seule couche dans le panier de la friteuse à air.

7. Faites frire à l'air libre pendant 5 minutes, puis retournez soigneusement les tranches de pain et faites-les cuire pendant 3 à 6 minutes supplémentaires, jusqu'à ce que le pain perdu soit bien doré.

Nutrition :

Calories : 278

Total des matières grasses : 6g

Gras saturés : 3g

Cholestérol : 99 mg

Sodium : 406 mg

Les glucides : 46g

Fibre : 2g

Protéines : 9g

Rouleaux aux pommes

Temps de préparation : 20 minutes

Temps de cuisson : 20 minutes

Des portions : 8

Ingrédients :

- 3 cuillères à soupe de cannelle moulue
- 3 cuillères à soupe de sucre granulé
- 2 cuillères à café de noix de muscade moulue
- 1 cuillère à café de cardamome en poudre
- ½ cuillère à café de piment de la Jamaïque moulu
- 2 grosses pommes Granny Smith, pelées et épépinées
- 10 cuillères à soupe de beurre, fondu, divisé
- 2 cuillères à soupe de sucre brun clair
- 8 fines tranches de pain de mie blanc, croûtes coupées.

Itinéraire :

1. Dans un moule à charnière de 7 pouces qui a été enveloppé dans du papier d'aluminium pour éviter les fuites, mélangez l'huile d'olive, les tomates cerises, les tomates prunes, la sauce tomate, les oignons verts, l'ail, le miel, le sel et le poivre de Cayenne.

2. Réglez ou préchauffez la friteuse à l'air à 375°F. Placez la poêle dans le panier de la friteuse à air. Faites cuire le mélange de tomates pendant 15 à 20 minutes, en remuant deux fois pendant la cuisson, jusqu'à ce que les tomates soient tendres.

3. Utilisez une fourchette pour écraser une partie des tomates directement dans la casserole, puis remuez la purée de tomates dans la sauce.

4. Casser les oeufs dans la sauce. Remettez la poêle dans la friteuse à air.

5. Faites cuire pendant environ 2 minutes ou jusqu'à ce que les blancs d'œufs commencent à prendre. Retirez la poêle de la friteuse à air et mélangez doucement les œufs à la sauce, en les faisant marbrer dans la sauce. Ne les mélangez pas complètement.

6. Continuer la cuisson du mélange jusqu'à ce que les œufs soient à peine pris, soit 4 à 8 minutes de plus.

7. Laisser refroidir pendant 10 minutes, puis servir.

Nutrition :

Calories : 232

Total des matières grasses : 15g

 Gras saturés : 9g

Cholestérol : 38 mg

Sodium : 249 mg

Les glucides : 21g

 Fibre : 4g

Protéines : 4g

Bouchées d'oeufs au poivre

Temps de préparation : 15 minutes

Temps de cuisson : 15 minutes

Des portions : 7

Ingrédients :

- 5 gros œufs, battus
- 3 cuillères à soupe de lait 2 %.
- ½ cuillère à café de marjolaine séchée
- ⅛ cuillère à café de sel
- Pincée de poivre noir fraîchement moulu
- ⅓ tasse de poivron haché, de n'importe quelle couleur

- 3 cuillères à soupe d'oignons verts hachés
- ½ tasse de fromage Colby ou Muenster râpé

Itinéraire :

1. Dans un bol moyen, mélanger les œufs, le lait, la marjolaine, le sel et le poivre noir.

2. Ajoutez les poivrons, les oignons verts et le fromage. Remplissez les 7 coupelles à bouchées avec le mélange d'œufs, en veillant à ce que chaque coupelle contienne un peu de solides. Réglez ou préchauffez la friteuse à l'air libre à 325°F.

3. Faites une écharpe en aluminium : Pliez en trois un morceau de papier d'aluminium résistant de 15 cm de long dans le sens de la longueur. Placez la casserole à œufs sur cette écharpe et faites-la descendre dans la friteuse.

4. Laissez le papier d'aluminium dans la friteuse à air, mais pliez les bords pour qu'ils s'adaptent à l'appareil.

5. Faites cuire les bouchées d'œuf pendant 10 à 15 minutes ou jusqu'à ce qu'un cure-dent inséré au centre en ressorte propre.

6. Utilisez l'écharpe en aluminium pour retirer la casserole à oeufs. Laissez refroidir pendant 5 minutes, puis retournez la casserole sur une assiette pour retirer les bouchées d'œuf. Servir chaud.

Nutrition :

Calories : 87

Total des matières grasses : 6g

Gras saturés : 3g

 Cholestérol : 141 mg

Sodium : 149 mg

Les glucides : 1g

Fibre : 0g

Protéines : 7g

Granola aux noix croquantes

Temps de préparation : 10 minutes

Temps de cuisson : 15 minutes

Des portions : 6

Ingrédients :

- 2 tasses de flocons d'avoine à l'ancienne
- ¼ tasse de pistaches
- ¼ tasse de noix de pécan hachées
- ¼ tasse de noix de cajou hachées
- ¼ tasse de miel
- 2 cuillères à soupe de sucre brun clair
- 3 cuillères à soupe de beurre
- ½ cuillère à café de cannelle moulue
- Spray antiadhésif pour la cuisson (contenant de la farine)
- ½ tasse de cerises séchées

Itinéraire :

1. Dans un bol moyen, mélangez l'avoine, les pistaches, les noix de pécan et les noix de cajou et remuez.

2. Dans une petite casserole, mélangez le miel, la cassonade, le beurre et la cannelle. Faites cuire à feu doux, en remuant fréquemment, jusqu'à ce que le beurre fonde et que le mélange soit lisse, soit environ 4 minutes. Verser sur le mélange d'avoine et remuer.

3. Vaporisez un moule à charnière de 7 pouces avec un spray de cuisson. Ajouter le mélange de granola.

4. Réglez ou préchauffez la friteuse à l'air libre à 325°F. Placez la poêle dans le panier de la friteuse à air. Faites cuire pendant 7 minutes, puis retirez la poêle et remuez. Poursuivez la cuisson pendant 6 à 9 minutes ou jusqu'à ce que le granola soit légèrement doré. Ajoutez les cerises séchées en remuant.

5. Retirez la poêle de la friteuse à air et laissez refroidir, en remuant plusieurs fois pendant que le granola refroidit. Conserver dans un récipient couvert à température ambiante jusqu'à 4 jours.

Nutrition :

Calories : 446

Total des matières grasses : 18g

Gras saturés : 5g

Cholestérol : 15 mg

Sodium : 51 mg

Les glucides : 64g

Fibre : 7g

 Protéines : 11g

Petit-déjeuner Pizza

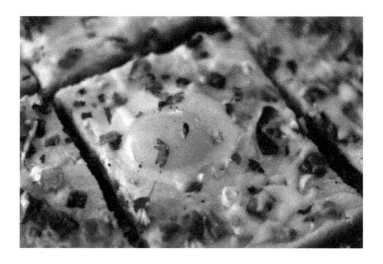

Temps de préparation : 10 minutes

Temps de cuisson : 15 minutes

Des portions : 4

Ingrédients :

- 4 (½-inch-thick) tranches de pain français, coupées en diagonale
- 6 cuillères à café de beurre, divisées
- 4 gros œufs
- 2 cuillères à soupe de crème légère
- ½ cuillère à café de basilic séché
- ¼ cuillère à café de sel de mer
- ⅛ cuillère à café de poivre noir fraîchement moulu
- 4 tranches de bacon, cuites jusqu'à ce qu'elles soient croustillantes et émiettées

- ⅔ tasse de fromage Colby ou Muenster râpé

Itinéraire :

1. Tartiner chaque tranche de pain d'une cuillère à café de beurre et la placer dans le panier de la friteuse à air.

2. Réglez ou préchauffez la friteuse à l'air à 350°F. Faites griller le pain pendant 2 à 3 minutes ou jusqu'à ce qu'il soit légèrement doré. Retirez de la friteuse et mettez de côté sur une grille.

3. Faites fondre les 2 cuillères à café de beurre restantes dans un moule à gâteau de 15 cm dans la friteuse à l'air libre pendant 1 minute. Retirez le panier de la friteuse à air.

4. Dans un bol moyen, battre les œufs, la crème, le basilic, le sel et le poivre et les ajouter au beurre fondu dans la poêle. Remettez le panier dans la friteuse à air. Faites cuire pendant 3 minutes, puis remuez. Faites cuire pendant 3 à 5 minutes supplémentaires ou jusqu'à ce que les œufs soient juste pris. Retirez les œufs de la poêle et mettez-les dans un bol.

5. Garnissez le pain avec le mélange d'œufs brouillés, de bacon et de fromage. Remettre dans le panier de la friteuse à air. Faites cuire pendant 4 à 8 minutes ou jusqu'à ce que le fromage soit fondu et commence à brunir par endroits.

6. Laissez refroidir pendant 5 minutes et servez.

Nutrition :

Calories : 425

Total des matières grasses : 23g

Gras saturés : 11g

Cholestérol : 233 mg

Sodium : 947 mg

Les glucides : 34g

Fibre : 1g

Protéines : 21g

Frittata aux légumes

Temps de préparation : 15 minutes

Temps de cuisson : 25 minutes

Des portions : 4

Ingrédients :

- ¼ tasse de poivron rouge haché
- ¼ tasse de courge d'été jaune hachée
- 2 cuillères à soupe d'oignon vert haché
- 2 cuillères à soupe de beurre
- 5 gros œufs, battus

- ¼ cuillère à café de sel de mer
- ⅛ cuillère à café de poivre noir fraîchement moulu
- 1 tasse de fromage cheddar râpé, divisé

Itinéraire :

1. Dans un moule à gâteau de 15 cm, mélangez le poivron, la courge d'été et l'oignon vert. Ajouter le beurre.

2. Réglez ou préchauffez la friteuse à l'air à 350°F. Placez le moule à gâteau dans le panier de la friteuse à air. Faites cuire les légumes pendant 3 à 4 minutes ou jusqu'à ce qu'ils soient tendres et croquants. Retirez le moule de la friteuse.

3. Dans un bol moyen, battez les œufs avec le sel et le poivre. Incorporer la moitié du cheddar. Versez dans la casserole avec les légumes.

4. Remettez la poêle dans la friteuse à air et faites cuire pendant 10 à 15 minutes, puis recouvrez la frittata avec le reste du fromage. Faites cuire pendant 4 à 5 minutes supplémentaires ou jusqu'à ce que le fromage soit fondu et que la frittata soit prise. Couper en pointes pour servir.

Nutrition :

Calories : 260

Total des matières grasses : 21g

 Gras saturés : 11g

Cholestérol : 277 mg

Sodium : 463 mg

Les glucides : 2g

Fibre : 0g

Protéines : 15g

Pommes de terre rissolées épicées

Temps de préparation : 15 minutes

Temps de cuisson : 20 minutes

Des portions : 4

Ingrédients :

- 2 cuillères à soupe de poudre de chili
- 2 cuillères à café de cumin moulu
- 2 cuillères à café de paprika fumé
- 1 cuillère à café de poudre d'ail
- 1 cuillère à café de poivre de Cayenne
- 1 cuillère à café de poivre noir fraîchement moulu
- 2 grosses pommes de terre rousses, pelées
- 2 cuillères à soupe d'huile d'olive
- ⅓ tasse d'oignon haché
- 3 gousses d'ail, hachées

- ½ cuillère à café de sel de mer

Itinéraire :

1. Pour le mélange d'épices : Dans un petit bol, mélangez la poudre de chili, le cumin, le paprika fumé, la poudre d'ail, le poivre de Cayenne et le poivre noir. Transférer dans un bocal en verre à couvercle vissé et conserver dans un endroit frais et sec. (Une partie du mélange d'épices est utilisée dans cette recette ; gardez le reste pour d'autres utilisations).

2. Râpez les pommes de terre dans un robot ménager ou sur les grands trous d'une râpe. Mettez les pommes de terre dans un bol rempli d'eau glacée et laissez-les reposer pendant 10 minutes.

3. Lorsque les pommes de terre ont trempé, égouttez-les, puis séchez-les bien avec un torchon de cuisine.

4. Mettez l'huile d'olive, l'oignon et l'ail dans un moule à gâteau de 7 pouces.

5. Réglez ou préchauffez la friteuse à l'air à 400°F. Mettez le mélange d'oignons dans la friteuse et faites-le cuire pendant 3 minutes, puis retirez-le.

6. Mettez les pommes de terre râpées dans un bol moyen et saupoudrez de 2 cuillères à café de mélange d'épices et remuez. Ajouter au moule à gâteau avec le mélange d'oignons.

7. Faites cuire à la friteuse à l'air libre pendant 10 minutes, puis remuez les pommes de terre doucement mais sûrement. Faites cuire pendant 8 à 12 minutes supplémentaires ou jusqu'à ce que les pommes de terre soient croustillantes et légèrement dorées. Assaisonner avec du sel.

Nutrition :

Calories : 235

Total des matières grasses : 8g

Gras saturés : 1g

Cholestérol : 0 mg

Sodium : 419 mg

Les glucides : 39g

Fibre : 5g

Protéines : 5g

Galettes de saucisses à la sauge et à la poire

Temps de préparation : 15 minutes

Temps de cuisson : 20 minutes

Des portions : 6

Ingrédients :

- 1 livre de porc haché
- ¼ tasse de dés de poires fraîches
- 1 cuillère à soupe de feuilles de sauge fraîche hachées
- 1 gousse d'ail hachée
- ½ cuillère à café de sel de mer
- ⅛ cuillère à café de poivre noir fraîchement moulu

Itinéraire :

1. Dans un bol de taille moyenne, mélangez le porc, la poire, la sauge, l'ail, le sel et le poivre, et mélangez doucement mais complètement avec vos mains.

2. Formez le mélange en 8 galettes égales d'environ ½ pouces d'épaisseur.

3. Réglez ou préchauffez la friteuse à l'air à 375°F. Disposez les galettes en une seule couche dans le panier de la friteuse à air. Vous devrez peut-être faire cuire les galettes par lots.

4. Faites cuire les saucisses pendant 15 à 20 minutes, en les retournant à mi-cuisson, jusqu'à ce qu'un thermomètre à viande indique 160°F. Sortez-les de la friteuse, égouttez-les sur du papier absorbant pendant quelques minutes, puis servez-les.

Nutrition :

Calories : 204

Total des matières grasses : 16g

Gras saturés : 6g

Cholestérol : 54 mg

Sodium : 236 mg

Les glucides : 1g

Fibre : 0g

Protéines : 13g

Bombes au bacon

Temps de préparation : 10 minutes

Temps de cuisson : 16 minutes

Des portions : 4

Ingrédients :

- 3 tranches de bacon coupées au centre
- 3 gros œufs, légèrement battus
- 1 oz de fromage à la crème 1/3 moins gras, ramolli
- 1 cuillère à soupe de ciboulette fraîche hachée
- 4 oz de pâte à pizza fraîche au blé entier
- Spray de cuisson

Itinéraire :

1. Saisir les tranches de lard dans une poêle jusqu'à ce qu'elles soient dorées et croustillantes, puis les hacher en fines lamelles. Ajoutez les œufs dans la même poêle et faites cuire pendant 1 minute puis ajoutez le fromage frais, la ciboulette et le bacon. Bien mélanger, puis laisser refroidir cette garniture aux œufs. Étendre la pâte à pizza et la couper en cercles de 5 cm. Répartissez la garniture aux œufs sur le dessus de chaque cercle et scellez son bord pour faire des boulettes. Placez les bombes de bacon dans le panier de la friteuse et vaporisez-les d'huile de cuisson. Placez le panier de la friteuse à l'intérieur du four grille-pain de la friteuse et fermez le couvercle. Sélectionnez le mode Air Fry à une température de 350 degrés F pendant 6 minutes. Servez chaud.

Nutrition :

Calories : 278

Protéines : 7,9 g

Carburants : 23g

Lipides : 3,9g

Pommes de terre du matin

Temps de préparation : 10 minutes

Temps de cuisson : 23 minutes

Des portions : 4

Ingrédients :

- 2 pommes de terre rousses, lavées et coupées en dés
- ½ cuillère à café de sel
- 1 c. à soupe d'huile d'olive
- ¼ c. à café de poudre d'ail
- Persil haché, pour la garniture

Itinéraire :

1. Faites tremper les pommes de terre dans de l'eau froide pendant 45 minutes, puis égouttez-les et séchez-les. Mélangez les cubes de pommes de terre avec la poudre d'ail, le sel et l'huile d'olive dans le panier de la friteuse à air. Placez le panier de la friteuse à l'intérieur du four grille-pain de la friteuse et fermez le couvercle. Sélectionnez le mode Air Fry à une température de 400 degrés F pendant 23 minutes. Mélangez bien les aliments à mi-cuisson et poursuivez la cuisson. Garnir de persil haché pour servir.

Nutrition :

Calories : 146

Protéines : 6,2 g

Carburants : 41,2g

Lipides : 5g

Pochettes de petit déjeuner

Temps de préparation : 10 minutes

Temps de cuisson : 10 minutes

Des portions : 6

Ingrédients :

- 1 boîte de pâte feuilletée
- 5 œufs
- ½ tasse de saucisse en vrac, cuite
- ½ tasse de bacon cuit
- ½ tasse de fromage cheddar râpé

Itinéraire :

1. Remuez l'œuf dans une poêle pendant 1 minute puis mélangez-le avec les saucisses, le cheddar et le bacon. Étendre la feuille de pâte et la couper en quatre rectangles de taille égale.

2. Répartir le mélange d'œufs sur chaque rectangle. Repliez les bords autour de la garniture et scellez-les. Placez les poches dans le panier de la friteuse. Placez le panier de la friteuse à l'intérieur du four grille-pain de la friteuse et fermez le couvercle. Sélectionnez le mode Air Fry à une température de 370 degrés F pendant 10 minutes. Servez chaud.

Nutrition :

Calories : 387

Protéines : 14,6 g

Carburants : 37,4g

Lipides : 6g

Avocat Flautas

Temps de préparation : 10 minutes

Temps de cuisson : 24 minutes

Des portions : 8

Ingrédients :

- 1 cuillère à soupe de beurre
- 8 œufs, battus
- ½ cuillère à café de sel
- ¼ cuillère à café de poivre
- 1 ½ tsp cumin
- 1 cuillère à café de poudre de chili
- 8 tortillas de la taille d'une fajita
- 4 oz de fromage à la crème, ramolli
- 8 tranches de bacon cuit
- Crème d'avocat :
- 2 petits avocats
- ½ tasse de crème aigre
- 1 citron vert, en jus
- ½ cuillère à café de sel
- ¼ cuillère à café de poivre

Itinéraire :

1. Dans une poêle, faites fondre le beurre et ajoutez les œufs, le sel, le cumin, le poivre et la poudre de chili, puis faites cuire en remuant pendant 4 minutes. Étaler toutes les tortillas et les garnir de fromage à la crème et de bacon. Ensuite, répartissez les œufs brouillés sur le dessus et ajoutez enfin le fromage. Roulez les tortillas pour sceller la garniture à l'intérieur. Placez 4 rouleaux dans le panier de la friteuse. Placez le panier de la friteuse à l'intérieur du four grille-pain de la friteuse et fermez le couvercle. Sélectionnez le mode Air Fry à une température de 400 degrés F pendant 12 minutes. Faites cuire les autres rouleaux de tortillas de la même manière. Pendant ce temps, mélangez les ingrédients de la crème d'avocat dans un mixeur puis servez avec des flautas chaudes.

Nutrition :

Calories : 212

Protéines : 17,3 g

Carburants : 14,6g

Lipides : 11,8g

Sandwichs au fromage

Temps de préparation : 10 minutes

Temps de cuisson : 10 minutes

Portions : 2

Ingrédients :

- 1 œuf
- 3 c. à soupe de crème moitié-moitié
- ¼ tsp extrait de vanille
- 2 tranches de pain au levain, blanc ou multigrain
- 2½ oz de fromage suisse en tranches

- 2 oz de jambon de charcuterie tranché
- 2 oz de dinde de charcuterie tranchée
- 1 cuillère à café de beurre fondu
- Sucre en poudre
- Confiture de framboises, pour servir

Itinéraire :

1. Dans un bol, battre l'œuf avec moitié-moitié de la crème et l'extrait de vanille. Posez une tranche de pain sur le plan de travail et recouvrez-la de jambon et de dinde et de fromage suisse.

2. Placez l'autre tranche de pain par-dessus, puis trempez le sandwich dans le mélange d'œufs, puis placez-le dans une plaque de cuisson adaptée, tapissée de beurre. Placez la plaque de cuisson à l'intérieur du four grille-pain Air Fryer et fermez le couvercle. Sélectionnez le mode Air Fry à une température de 350 degrés F pendant 10 minutes. Retournez le sandwich et continuez la cuisson pendant 8 minutes. Tranchez et servez.

Nutrition :

Calories : 412

Protéines : 18,9 g

Carburants : 43,8g

Lipides : 24,8g

Conclusion

Merci d'être arrivé à la fin de ce livre. Une friteuse à air est un ajout relativement récent à la cuisine, et il est facile de voir pourquoi les gens sont enthousiastes à l'idée de l'utiliser. Avec une friteuse, vous pouvez faire des frites croustillantes, des ailes de poulet, des poitrines de poulet et des steaks en quelques minutes. Il existe de nombreux aliments délicieux que vous pouvez préparer sans ajouter d'huile ou de graisse à votre repas. Là encore, veillez à lire les instructions de votre friteuse et à suivre les règles d'utilisation et d'entretien. Une fois que votre friteuse est en bon état de marche, vous pouvez vraiment faire preuve de créativité et commencer à expérimenter votre façon de préparer des aliments sains et savoureux.

C'est tout ! Merci !